Armin Täubner

Waldweihnacht der Tiere

Frech-Verlag Stuttgart

Bären-Weihnachtsmann

Am roten Kapuzenmantel (durchgezogene Linie) von hinten Kopf und Stiefel fixieren. Von vorn zuerst das Haar-Bart-Teil (gestrichelte Linie) ankleben. Anschließend das Ohr, den Ärmel samt Hand und den weißen Mantelsaum anbringen. Auge und Nase aufmalen.

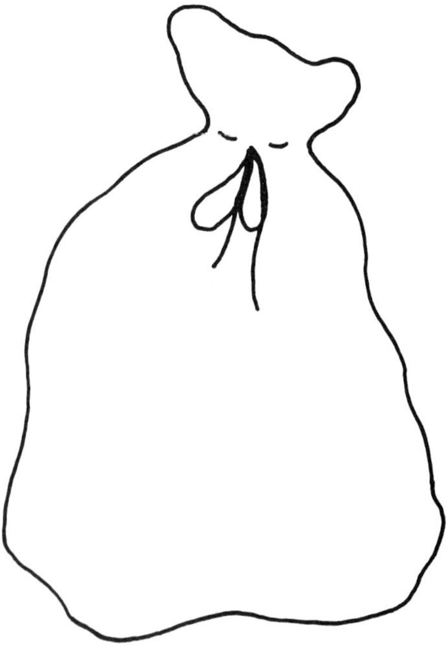

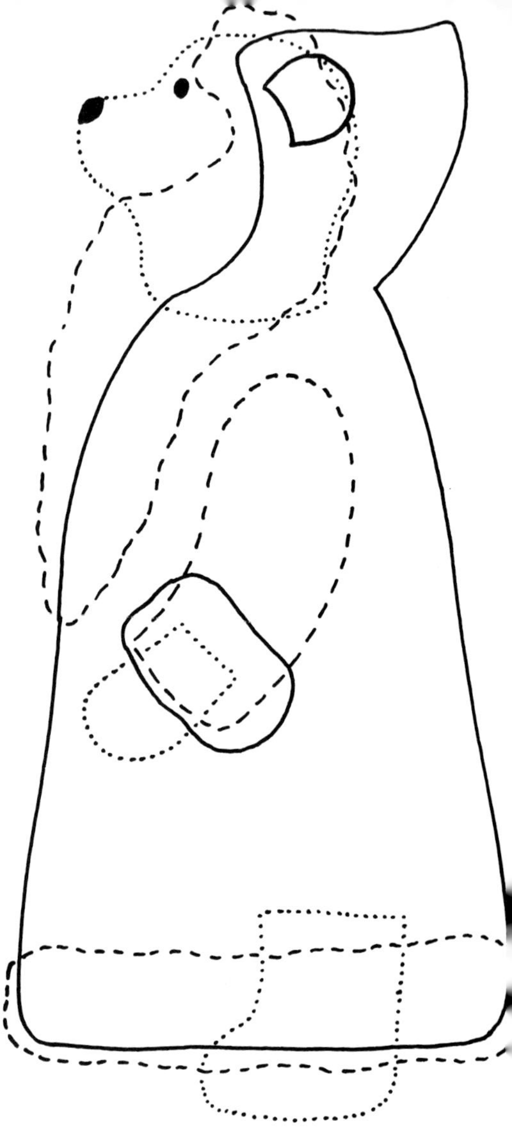

Auflage: 5. 4. 3. | Letzte Zahlen
Jahr: 1996 95 94 | maßgebend

frech-verlag

ISBN 3-7724-1574-1 · Best.-Nr. 1574

GmbH + Co. Druck KG Stuttgart · Druck: Frech, Stuttgart

Fensterbilder

1. Abpausen und Übertragen der Motive

Es gibt zwei Möglichkeiten:

Schablonen herstellen
Die einzelnen Teile werden ohne Überschneidungen von der Schnittvorlage nebeneinander auf Butterbrotpapier oder weißes Transparentpapier mit Bleistift abgepaust. Die gepausten Teile nun auf einen dünnen Karton kleben und exakt ausschneiden. Diese Schablonen werden auf den Tonkarton gelegt und die Umrisse mit Bleistift nachgezogen.

Direktübertragung auf Tonkarton
Die Teile der Schnittvorlage werden mit Bleistift ohne Überschneidungen auf kräftiges weißes Transparentpapier gepaust. Dieses Papier direkt auf den Tonkarton legen. Mit Kugelschreiber werden die Umrisse der Einzelformen nachgezogen. Die Konturen drücken sich in den Karton ein und können direkt ausgeschnitten werden.

2. Das Ausschneiden

Der überwiegende Teil der Schneidarbeiten wird mit dem Cutter oder Bastelmesser ausgeführt. Diese Messer haben verschiebbare Klingen. Ist die Spitze der Klinge, mit der geschnitten wird, stumpf, wird sie einfach abgebrochen und die Klinge nachgeschoben. Mit dieser Klinge können exakte Schnitte an den für Scheren schwer bzw. unzugänglichen Stellen ausgeführt werden. Das Messer halten Sie beim Schneiden wie einen Kugelschreiber. Vorher müssen Sie allerdings unter den Tonkarton eine Schneidunterlage aus dem Fachhandel legen. Zur Not genügt auch ein dicker Karton. Ist die Kartonunterlage durch viele Schnitte zerfurcht, sollte sie ausgewechselt werden, weil sonst die Klinge beim Schneiden evtl. abgelenkt wird. Die Umrisse der Fensterbilder werden meist mit der Schere nachgeschnitten. Manche Rundungen im Innenbereich lassen sich mit einer Nagelschere sauber nachschneiden.

3. Nach oben gewölbte Kartonränder

Sie entstehen, wenn Kartonformen mit dem Messer ausgeschnitten werden. Auf diese Stellen einfach einen Bogen Papier legen, und die Ränder mit dem Fingernagel kräftig nachziehen. Durch das aufgelegte Papier werden die geglätteten Ränder nicht speckig.

4. Gestaltung von Vorder- und Rückseite des Fensterbildes

Im Buch wird stets beschrieben, wie die Vorderseite des Fensterbildes gearbeitet wird. Wenn das fertige Motiv an die Wand gehängt wird, genügt die Gestaltung der Vorderseite. Bei frei hängenden Motiven muß auch an die Rückseite gedacht werden, d.h. die meisten Teile müssen doppelt ausgeschnitten und auf der Rückseite spiegelverkehrt angeklebt werden.

Damwild

Die Tiere aus hellbraunem Karton ausschneiden und die Hufe schwarz anmalen. Die punktierten Flächen an Bauch, Hinterteil und Rücken werden mit einem feinen Pinsel mit Deckweiß aufgemalt. Nun kann das Schwanzteil (gestrichelte Linie) aufgeklebt werden. Geweih und Ohren befestigen. Die helle Fläche im Ohr weiß anmalen.

Rotwild

Die Tiere werden bis auf die Ohren bzw. das Geweih als ein Teil ausgeschnitten. Bauch, Hinterteil und die hellen Innenflächen der Ohren mit Pinsel und Deckweiß anmalen. Mit einem schwarzen Filzstift Auge, Nasenloch und Maul aufzeichnen. Die Hufe schwarz einfärben.

Rehbock

Er wird als ein Teil ausgeschnitten. Mit einem Filzstift das Geweih dunkelbraun einfärben. Auge, Nase und Maul aufmalen.

Hasen und Kaninchen

Die hellen Innenohren, Schwanz und Bauch mit einem Pinsel und Deckweiß einfärben. Augen und Nase mit einem feinen schwarzen Filzstift oder Tuschefüller aufzeichnen.

Füchse

Die Füchse jeweils als ein Teil ausschneiden. Mit Pinsel und Deckweiß Kehle, Bauch, Schwanzspitze und Innenohr anmalen. Auge, Nase, Maul und Zehen mit einem schwarzen Filzstift oder Tuschefüller aufzeichnen.

Schwarzwild

Bei Keiler und Bache nach dem Ausschneiden die Hufe schwarz anmalen. Auge und Maul aufzeichnen und beim Keiler noch den weißen Hauer (Strich-Punkt-Linie) aufkleben.

Tür und Fenster des eingeschneiten Hauses

Fenster bzw. Tür (durchgezogene Linie) auf eine etwas dunklere Fläche (Strich-Punkt-Linie) kleben. Nun werden die gelben Glasscheiben (gestrichelte Linien) angebracht. Bei der Tür fehlt nun noch die Klinke.

Futterkrippe

Auf das braune Holzgestell (durchgezogene Linie) die beiden dreieckigen Innenflächen (Strich-Punkt-Linien) kleben. Nun werden die Heubüschel und anschließend das schneebedeckte Dach (gestrichelte Linie) befestigt.

Verschneite Tanne

Auf das grüne Kartonteil (durchgezogene Linie) das weiße Teil (gestrichelte Linie) kleben, dabei die drei Innenschnitte beachten. Von hinten evtl. noch einen der beiden Stämme anbringen.

Weihnachtsbäume

Sie werden am besten mit Cutter und Nagelschere aus dunkelgrünem Karton ausgeschnitten. Von hinten kann ein Weihnachtsbaumständer befestigt werden.
Die Kerzen bestehen aus abgerundeten Rechtecken, an die von hinten jeweils eine gelbe Kreisscheibe geklebt wird. Flammen und Dochte werden mit Filzstiften aufgemalt.

Wichtel

Das Gesicht in den kerbenförmigen Ausschnitt des roten Anoraks legen und durch das weiße Haar-Bart-Teil miteinander verbinden. Von vorn den Arm samt Hand, von hinten die Beine anbringen.

Weihnachtsmann

In den kerbenförmigen Ausschnitt am roten Kapuzenmantel (durchgezogene Linie) das Gesicht (punktierte Linie) legen und mit dem aufgeklebten weißen Haar-Bart-Teil (gestrichelte Linie) fixieren.
Die Handschuhe an dem Ärmel durch Aufkleben der weißen Säume befestigen. Abschließend noch das Auge aufmalen.

Förster

Am Kopf mit einem feinen schwarzen Filzstift oder Tuschefüller Haare, Bart, Augenbrauen und Auge aufmalen. Den Kopf und die Stiefel von hinten am Mantel fixieren. Von vorn Ärmel samt Hand sowie den Hut anbringen.

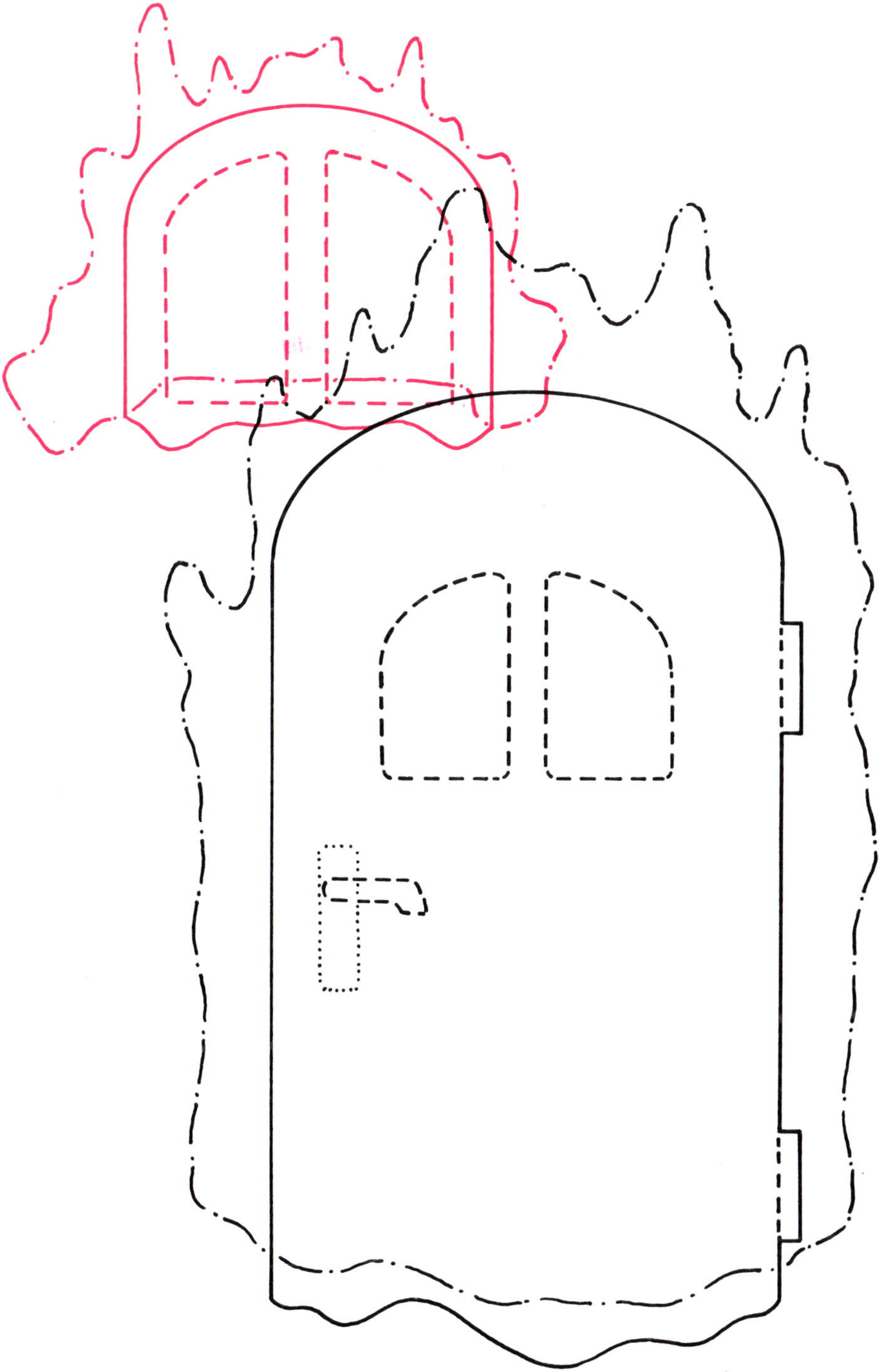

Braunbären

Beim stehenden Bären muß ein Ohr angeklebt und Auge, Nase und Maul aufgemalt werden.
Bei der sitzenden Bärenmutter sind die Hinterbeine durch einen Schnitt getrennt. In diesen Schnitt wird das Hinterbein des kleinen Bären gesteckt. Den kleinen Bären am Bauch seiner Mutter fixieren. Nun wird das Vorderbein der Mutter so aufgeklebt, daß der Kopf des kleinen Bären fast vollständig sichtbar ist. Bei beiden Bären jeweils noch ein Ohr ankleben. Augen und Nasen aufmalen.

Dachse

Der Dachskopf (durchgezogene Linie) besteht aus einem weißen Teil, auf das mit schwarzem Filzstift bzw. Tuschefüller zuerst Nase, Maul und Auge gezeichnet werden. Mit einem Bleistift die punktierte Linie leicht vorzeichnen und anschließend diese Fläche bis auf einen weißen Augenring schwarz ausmalen. Der Kopf wird von vorn bzw. hinten am grauen Rumpf (gestrichelte Linie) befestigt. Die Füße schwarz anmalen.

Familie Hase

Vater:
An der Jacke von vorn Kragen, Tasche und Ärmel mit Hand ankleben. Von hinten werden der Kopf und die beiden Hosenbeine samt den Schuhen angebracht. Die Ohren leicht versetzt von vorn bzw. hinten am Kopf fixieren. Auge, Nase und Pfeife zum Schluß aufmalen oder ankleben.

Mutter:
Zuerst am Mantelärmel die Hand befestigen. Die Klebestelle wird durch den gelben Ärmelsaum verdeckt. Am Mantel von vorn Ärmel, Kragen und Mantelsaum anbringen. Von hinten werden Kopf und Beine angeklebt. Am Kopf zuerst den Hut, dann die Ohren fixieren. Auge und Nase aufmalen.

Kinder:
Am Pullover von vorn einen Ärmel samt Hand ankleben. Von hinten Kopf und beide Hosenbeine mit den Schuhen anbringen. Falls eine Mütze angeklebt werden soll, muß sie vor den Ohren angeklebt werden.

Familie Dachs

Am weißen Kopfteil mit einem Tuschefüller oder einem feinen schwarzen Filzstift Nase und Maul aufmalen. Anschließend wird das Auge markiert. Rings um das Auge bleibt ein schmaler weißer Ring. Die punktierte Fläche des Gesichts bis auf den weißen Augenring schwarz ausmalen (den Umriß evtl. mit Bleistift leicht vorzeichnen).
Die ganze Familie wird nach demselben Schema zusammengeklebt: Am Mantel, Kleid oder Pullover werden von hinten Kopf und Beine angeklebt. Von vorn Ärmel samt Pfote anbringen.

Familie Eichhorn

Am Pullover oder Kleid von hinten Kopf, Schwanz und Beine ankleben. Einen Ärmel samt Pfote von vorn anbringen. Wird ein zweiter Ärmel benötigt, so wird dieser von hinten befestigt. Die Haarbüschel an den Ohrenspitzen durch feine Einschnitte andeuten.

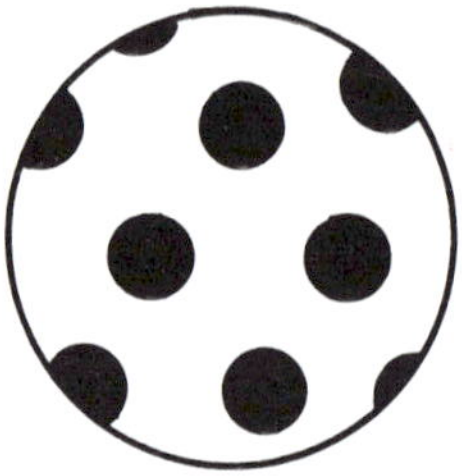

Familie Fuchs

Am Mantel, Pullover, Hemd oder Kleid von vorn den Ärmel samt Pfote ankleben. Wenn ein zweiter Ärmel notwendig ist, wird dieser von hinten befestigt. Von hinten werden außerdem Kopf, Schwanz und Beine angebracht. Die hellen Innenflächen der Ohren (punktierte Linien) können entweder aufgeklebt oder mit Deckweiß aufgemalt werden. Den Schnabel der Gans mit Filzstift gelb anmalen. Die Gans von hinten am zweiteiligen Rucksack befestigen.

Familie Bär

An Kleid, Jacke und Pullover von vorn den Ärmel samt Hand ankleben. Evtl. noch Schürze und Kragen anbringen. Kopf und Beine werden von hinten befestigt. Am Kopf Mütze und Ohr ankleben. Nase, Auge und Maul werden mit einem Tuschefüller oder einem schwarzen Filzstift aufgemalt.